SEPTEMBER • 2024

Sun	Mon	Tue	Wed	Thu	Fri	Sat
1	2	3	4	5	6	7
8	9	10	11	12	13	14
15	16	17	18	19	20	21
22	23	24	25	26	27	28
29	30					

OCTOBER • 2024

Sun	Mon	Tue	Wed	Thu	Fri	Sat
		1	2	3	4	5
6	7	8	9	10	11	12
13	14	15	16	17	18	19
20	21	22	23	24	25	26
27	28	29	30	31		

NOVEMBER • 2024

Sun	Mon	Tue	Wed	Thu	Fri	Sat
					1	2
3	4	5	6	7	8	9
10	11	12	13	14	15	16
17	18	19	20	21	22	23
24	25	26	27	28	29	30

DECEMBER • 2024

Sun	Mon	Tue	Wed	Thu	Fri	Sat
1	2	3	4	5	6	7
8	9	10	11	12	13	14
15	16	17	18	19	20	21
22	23	24	25	26	27	28
29	30	31				

Every effort has been made to ensure the accuracy of the information provided and the publishers cannot accept responsibility for any errors. Some public holidays are subject to change by Royal or State proclamation and, at the time of going to press, accurate information was unavailable for all religious celebrations in 2025. Jewish festivals usually begin at sundown on the day preceding the date given. All Jewish and Muslim dates are shown using the Gregorian (Western) calendar. Please note that the Jewish year is determined by a combined moon and sun calendar and the Muslim year is based on a lunar calendar and as a result some dates may vary regionally.

JANUARY • 2025

SUN	MON	TUE	WED	THU	FRI	SAT
		31 New Year's Eve	1 New Year's Day	2 2nd January (SCOT); Day After New Year's Day (NZ)	3	4
5 Twelfth Night (UK)	6 Epiphany; Birthday of Guru Gobind Singh	7 Orthodox Christmas Day	8	9	10	11
12	13	14 Orthodox New Year	15	16	17	18
19	20 AQUARIUS Martin Luther King Jr Day (USA)	21	22	23	24	25 Burns Night (SCOT)
26 Australia Day	27 International Holocaust Memorial Day; Isra and Mi'raj (Muslim Holiday)	28	29 Chinese New Year	30	31	

NOTES

TO DO

December 2024

S	M	T	W	T	F	S
1	2	3	4	5	6	7
8	9	10	11	12	13	14
15	16	17	18	19	20	21
22	23	24	25	26	27	28
29	30	31				

February 2025

S	M	T	W	T	F	S
						1
2	3	4	5	6	7	8
9	10	11	12	13	14	15
16	17	18	19	20	21	22
23	24	25	26	27	28	

FEBRUARY • 2025

SUN	MON	TUE	WED	THU	FRI	SAT
						1 First Day of Black History Month (USA)
2 Groundhog Day (CAN & USA)	3 St Brigid's Day (IRE)	4	5	6 Waitangi Day (NZ)	7	8
9	10	11	12 Lincoln's Birthday (USA)	13 Tu Bishvat (Jewish Holiday)	14 St Valentine's Day	15
16	17 Presidents' Day (USA); Family Day (CAN - Some Provinces)	18	19 PISCES	20	21	22
23	24	25	26 Maha Shivaratri (Hindu Holiday)	27	28	

NOTES

TO DO

January 2025

S	M	T	W	T	F	S
			1	2	3	4
5	6	7	8	9	10	11
12	13	14	15	16	17	18
19	20	21	22	23	24	25
26	27	28	29	30	31	

March 2025

S	M	T	W	T	F	S
						1
2	3	4	5	6	7	8
9	10	11	12	13	14	15
16	17	18	19	20	21	22
23	24	25	26	27	28	29
30	31					

MARCH • 2025

SUN	MON	TUE	WED	THU	FRI	SAT
23	24	25	26	27	28	**1** St David's Day; First Day of Women's History Month; Ramadan Starts (Muslim Holiday)
2	**3** Labour Day (AUS WA)	**4** Shrove Tuesday	**5** Ash Wednesday	**6**	**7**	**8** International Women's Day
9 Daylight Saving Time Starts (CAN, USA)	**10** Eight Hours Day (AUS TAS); Labour Day (AUS VIC); Commonwealth Day (CAN); Adelaide Cup (AUS SA)	**11**	**12**	**13** Fast of Esther (Jewish Holiday)	**14** Purim (Tel Aviv, Jewish Holiday)	**15** Shushan Purim (Jerusalem, Jewish Holiday)
16	**17** St Patrick's Day	**18**	**19**	**20**	**21** Harmony Day (AUS); Human Rights Day (ZAF)	**22**
23	**24** Otago Anniversary Day (NZ)	**25**	**26**	**27** Laylat al-Qadr (Muslim Holiday)	**28**	**29** Eid al Fitr / Ramadan Ends (Muslim Holiday)
30 Mother's Day (UK, IRE); Daylight Saving Time Starts (UK)	**31**					

NOTES

TO DO

February 2025

S	M	T	W	T	F	S
						1
2	3	4	5	6	7	8
9	10	11	12	13	14	15
16	17	18	19	20	21	22
23	24	25	26	27	28	

April 2025

S	M	T	W	T	F	S
		1	2	3	4	5
6	7	8	9	10	11	12
13	14	15	16	17	18	19
20	21	22	23	24	25	26
27	28	29	30			

APRIL • 2025

SUN	MON	TUE	WED	THU	FRI	SAT
30	31	1 April Fools' Day	2	3	4	5
6 Daylight Savings Time Ends (AUS); Tartan Day (CAN)	7	8	9	10	11	12
13 Palm Sunday; First Day of Passover	14	15	16	17 Maundy Thursday	18 Good Friday	19 Holy Saturday
20 TAURUS ♉ Easter Sunday; Last Day of Passover	21 Easter Monday	22 Earth Day	23 St George's Day; Shakespeare Day	24	25 ANZAC Day (AUS, NZ); Yom HaShoah - International Holocaust Remembrance Day (Jewish Holiday)	26
27	28	29	30	1	2	3

NOTES

TO DO

March 2025

S	M	T	W	T	F	S
						1
2	3	4	5	6	7	8
9	10	11	12	13	14	15
16	17	18	19	20	21	22
23	24	25	26	27	28	29
30	31					

May 2025

S	M	T	W	T	F	S
				1	2	3
4	5	6	7	8	9	10
11	12	13	14	15	16	17
18	19	20	21	22	23	24
25	26	27	28	29	30	31

MAY • 2025

SUN	MON	TUE	WED	THU	FRI	SAT
				1 Workers' Day (ZAF); Yom Ha'atzmau: (Jewish Holiday)	2	3
4	5 Labour Day (AUS QLD); May Day (AUS NT, UK, IRE); Labour Day (AUS QLD); May Day (AUS NT, UK, IRE); Cinco de Mayo (USA)	6	7	8	9	10
11 Mother's Day (USA, CAN, NZ, ZAF)	12	13	14	15	16 Lag LaOmer (Jewish Holiday)	17
18	19 National Patriots' Day (CAN); Victoria Day (CAN)	20	21	22	23	24
25	26 Memorial Day (USA); Spring Bank Holiday (UK); Jerusalem Day	27	28	29 Ascension Day	30	31

NOTES

TO DO

April 2025

S	M	T	W	T	F	S
		1	2	3	4	5
6	7	8	9	10	11	12
13	14	15	16	17	18	19
20	21	22	23	24	25	26
27	28	29	30			

June 2025

S	M	T	W	T	F	S
1	2	3	4	5	6	7
8	9	10	11	12	13	14
15	16	17	18	19	20	21
22	23	24	25	26	27	28
29	30					

JUNE • 2025

SUN	MON	TUE	WED	THU	FRI	SAT
1 First Day of LGBTQ+ Pride Month (USA)	**2** Reconciliation Day (AUS); Western Australia Day; King Charles' Birthday (NZ); Shavuot (Jewish Holiday)	**3**	**4**	**5**	**6** King Charles' Birthday (AUS)	**7** Eid al-Adha (Muslim Holiday)
8 Whit Sunday; Bounty Day (AUS)	**9** Whit Monday	**10**	**11**	**12**	**13**	**14** Flag Day (USA)
15 Father's Day (UK, CAN, ZAF, USA); Trinity Sunday	**16** Youth Day (ZAF); Juneteenth (USA); Martyrdom of Guru Arjan	**17**	**18**	**19** Corpus Christi	**20** Matariki (NZ)	**21** CANCER King Charles' Birthday, Trooping the Colour (UK); Summer Solstice (UK)
22 Windrush Day	**23**	**24**	**25**	**26**	**27** Muharram (Muslim Holiday)	**28**
29	**30**					

NOTES

TO DO

May 2025

S	M	T	W	T	F	S
				1	2	3
4	5	6	7	8	9	10
11	12	13	14	15	16	17
18	19	20	21	22	23	24
25	26	27	28	29	30	31

July 2025

S	M	T	W	T	F	S
		1	2	3	4	5
6	7	8	9	10	11	12
13	14	15	16	17	18	19
20	21	22	23	24	25	26
27	28	29	30	31		

JULY • 2025

SUN	MON	TUE	WED	THU	FRI	SAT
		1 Canada Day	2	3	4 Independence Day (USA)	5
6 Ashura (Muslim Holiday)	7	8	9	10	11	12 Battle of the Boyne (N.IRE)
13	14 Bastille Day (FR)	15 St Swithin's Day (UK)	16	17	18 Nelson Mandela Day	19
20	21	22	23	24	25	26
27	28	29	30	31		

NOTES

TO DO

June 2025

S	M	T	W	T	F	S
1	2	3	4	5	6	7
8	9	10	11	12	13	14
15	16	17	18	19	20	21
22	23	24	25	26	27	28
29	30					

August 2025

S	M	T	W	T	F	S
					1	2
3	4	5	6	7	8	9
10	11	12	13	14	15	16
17	18	19	20	21	22	23
24	25	26	27	28	29	30
31						

AUGUST • 2025

SUN	MON	TUE	WED	THU	FRI	SAT
27	28	29	30	31	1	2
3 Tisha B'av (Jewish Holiday)	4 Picnic Day (AUS NT); Summer Bank Holiday (SCOT); August Bank Holiday (IRE); British Columbia Day; Civic/Provincial Day (CAN)	5	6	7	8	9 National Women's Day (ZAF)
10	11	12	13	14	15 Janmashtami (Hindu Holiday)	16
17	18	19	20	21	22	23 VIRGO
24	25 Summer Bank Holiday (UK)	26	27	28	29	30
31	1	2	3	4	5	6

NOTES

TO DO

July 2025

S	M	T	W	T	F	S
	1	2	3	4	5	
6	7	8	9	10	11	12
13	14	15	16	17	18	19
20	21	22	23	24	25	26
27	28	29	30	31		

September 2025

S	M	T	W	T	F	S
	1	2	3	4	5	6
7	8	9	10	11	12	13
14	15	16	17	18	19	20
21	22	23	24	25	26	27
28	29	30				

SEPTEMBER • 2025

SUN	MON	TUE	WED	THU	FRI	SAT
	1 Labor Day (USA, CAN)	2	3	4	5 Milad un Nabi (Mawlid) (Muslim Holiday)	6
7 Father's Day (NZ)	8	9	10	11	12	13
14	15	16	17	18	19	20
21	22	23 LIBRA Rosh Hashanah (Jewish Holiday)	24 Heritage Day (ZAF)	25	26	27
28	29 King's Birthday (AUS WA)	30				

NOTES

TO DO

August 2025

S	M	T	W	T	F	S
					1	2
3	4	5	6	7	8	9
10	11	12	13	14	15	16
17	18	19	20	21	22	23
24	25	26	27	28	29	30
31						

October 2025

S	M	T	W	T	F	S
			1	2	3	4
5	6	7	8	9	10	11
12	13	14	15	16	17	18
19	20	21	22	23	24	25
26	27	28	29	30	31	

OCTOBER • 2025

SUN	MON	TUE	WED	THU	FRI	SAT
			1 First Day of Black History Month (UK)	2 Yom Kippur (Jewish Holiday)	3	4
5 Daylight Saving Time Starts (AUS)	6 Labour Day (AUS ACT, NSW & SA); King's Birthday (AUS QLD)	7 Sukkot Day 1 (Jewish Holiday)	8	9	10 World Mental Health Day	11
12	13 Columbus Day (USA); Thanksgiving Day (CAN); Hoshana Rabbah (Jewish Holiday)	14 Shemini Atzeret (Jewish Holiday)	15 Simchat Torah (Jewish Holiday)	16	17	18
19	20	21 Diwali (Hindu Holiday)	22	23 scorpio ♏	24	25
26 Daylight Saving Time Ends (UK)	27 October Bank Holiday (IRE); Labour Day (NZ)	28	29	30	31 Halloween	

NOTES

TO DO

September 2025

S	M	T	W	T	F	S
	1	2	3	4	5	6
7	8	9	10	11	12	13
14	15	16	17	18	19	20
21	22	23	24	25	26	27
28	29	30				

November 2025

S	M	T	W	T	F	S
						1
2	3	4	5	6	7	8
9	10	11	12	13	14	15
16	17	18	19	20	21	22
23	24	25	26	27	28	29
30						

NOVEMBER • 2025

SUN	MON	TUE	WED	THU	FRI	SAT
						1 All Saints' Day
2 Daylight Saving Time Ends (CAN & USA)	3	4 Election Day (USA)	5 Guy Fawkes Night; Birthday of Guru Nanak	6	7	8
9 Remembrance Sunday	10	11 Armistice Day (UK); Veterans Day (USA)	12	13	14 King Charles' Birthday (Actual)	15
16	17	18	19	20	21	22 SAGITTARIUS
23	24 Martyrdom of Guru Tegh Bahadur	25	26	27 Thanksgiving Day (USA)	28 Native American Heritage Day (USA)	29
30 St Andrew's Day; First Day of Advent						

NOTES

TO DO

October 2025

S	M	T	W	T	F	S
			1	2	3	4
5	6	7	8	9	10	11
12	13	14	15	16	17	18
19	20	21	22	23	24	25
26	27	28	29	30	31	

December 2025

S	M	T	W	T	F	S
	1	2	3	4	5	6
7	8	9	10	11	12	13
14	15	16	17	18	19	20
21	22	23	24	25	26	27
28	29	30	31			

DECEMBER • 2025

SUN	MON	TUE	WED	THU	FRI	SAT
	1	2	3	4	5	6
7	8	9	10	11	12	13
14	15 Hanukkah Day 1 (Jewish Festival of Lights)	16 Day of Reconciliation (ZAF)	17	18	19	20
21 Winter Solstice (UK)	22 CAPRICORN	23	24 Christmas Eve	25 Christmas Day	26 Boxing Day (UK, CAN, AUS, NZ); St Stephen's Day (IRE); Day of Goodwill (ZAF)	27
28	29	30	31 New Year's Eve	New Year's Day	Bank Holiday (SCOT); Day After New Year's Day (NZ)	

NOTES

TO DO

November 2025

S	M	T	W	T	F	S
						1
2	3	4	5	6	7	8
9	10	11	12	13	14	15
16	17	18	19	20	21	22
23	24	25	26	27	28	29
30						

January 2026

S	M	T	W	T	F	S
				1	2	3
4	5	6	7	8	9	10
11	12	13	14	15	16	17
18	19	20	21	22	23	24
25	26	27	28	29	30	31

SCHNAUZERS

16-Month 2025 Calendar

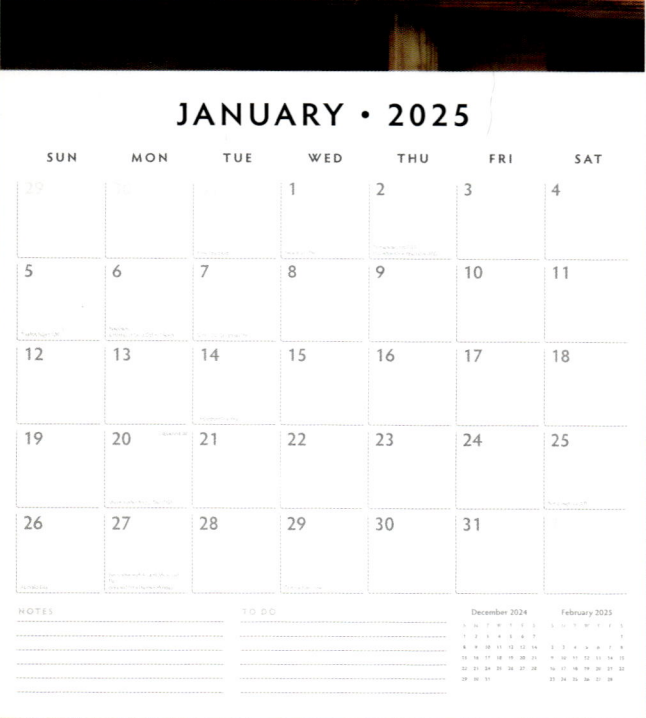

ISBN 978-1-80442-506-0

Red Robin Publishing Ltd

Red Robin Publishing Ltd,
Royal Tunbridge Wells, England.

Productcode: RR250141

Printed in China

This product is made from responsible forestry.

UK - £11.99
US - $14.99
CAN - $19.99
AUS - $19.99
NZ - $21.99

MIX
Paper from responsible sources
FSC® C158492